Holger Kuße

Die Semantik des Meeres

Holger Kuße

Die Semantik des Meeres

Rote Segel – Élan vital

Gedichte

EDITION
Noack
Block

Umschlagabbildung und Fotografien im Band: © Holger Kuße

ISBN 978-3-86813-163-5

Herstellung durch Edition Noack & Block
in der Frank & Timme GmbH,
Wittelsbacherstraße 27a, 10707 Berlin.
Gedruckt auf säurefreiem, alterungsbeständigem Papier.

www.noack-block.de

Anderswo war

Als anderswo
schon
war der Krieg,
lebte ich daheim
am Meer.

Sah auf die Wellen,
ging jeden Tag bald
auf den Deich.

Als anderswo
war der Krieg,
zog ich noch nicht ein,
war ich noch im Nie
daheim.

Rote Segel

Vom Erinnern

Ich habe das Buch am Strand nicht gelesen.

Der Strand war im Buch,
da spielt sich was ab.

Ich war am Strand ein anderes Mal.

Ich fand einen Stein
unter dem Wasser:
blau war der Stein und er glänzte.

Ich habe das Buch zuhause gelesen.
Ich habe den Stein im Wasser verschenkt.

Es sieht

Der Ast bricht ab im Wind.
Er sinkt ins graue Gras.

Die Blüten hab ich verwahrt,
getrocknet an dem Tag.

Die Blüten sieht das Kind.

Rote Segel
(Und wirf)

Und wirf einen Stein ins Wasser
und rote Flammen sind
rote Segel.

Wirf eine Flamme ins Feuer
und blauer Wind
kommt auf.

Dein Boot ist wie das meine,
zeigt bugwärts
hin zum Meer.

Die Insel, die Segel
lodern

und Hände,
die werfen,
sind leer.

Die Säule

Siehst du die Säule
über dem Ast?
Der treibt noch im Delta
hinaus in die See.

Du dachtest zwar,
dass gar nichts war,
doch sag ich dir:
es ist.

Ich sah und wusste

Ich sah
und wusste: Es ist mein Auge,
ein Lichtkranz
in den Palmenblättern

Vom Werden

Ich bin Gras geworden
am Rande meines Teiches,
bin Schilf geworden,
das wiegt sich im Winde,
gekräuselte Wellen bin ich geworden,
die Fischmäulchen schauen daraus,
bin Wasser geworden
und schaue
und sehe
nach innen.

Hochwasser

Du siehst den Ast im Wasser,
der sich am Ufer verhakt,
andere treiben vorbei.

Die anderen kommen ans Ziel.
Der eine ist frei.

Urlaubsblätter

Ich schwimme jetzt
wie Stroh auf dem Wasser,
wie Halme ans Ufer
sich hebend, senkend bewegen
oder von ihm fort.

Treiben natürlich,
von den Gefahren
ist nicht zu reden.

Die Halme am Steg
kleben am Stamm.

Goldenes Licht
liebt immer den See.

Die Kirche am Rande
Das Dorf entlang

Und hellgrüne Halme,
die aufrecht sich biegen,
sind anders nicht
als jene, die liegen

und jene die bleiben

und jene die treiben.

Dann

Im Sturzbach das Wasser
rauscht mich auf ihn zu,
noch Felsen und Steine,

doch kommt nicht in Frage:
nicht Versinken, nicht Ufer.

Nach dem Fall
hat der Kahn vor mir Ruh,

dann treibe er abwärts,
ich bin schon im Delta

und vor mir das Meer
und Er
und wär's auch nur ein kleiner See.

Ein Überfall

Sie drangen durch die Tür.
Mit breiter Brust und Schlüsselbund,
den hatten sie geklaut.

Drückten an die Wand mich,
rissen Schubladen auf,
vergebens war mein Ruf:
Verlassen Sie mein Haus!

Da flog ein Schmetterling
inmitten in mein Haar.
Sie konnten ihm nicht wehren
und ihr Zusammenbruch war da.

Vom Denken

Man denkt nicht ständig dran.
Macht seine Pläne.
Knipst die Rosen im Garten.

Man lebt damit
und weiß doch:

es war.

Gelbe Segel

Das gelbe Segel aus Raps
lachte das Meer in die Sonne.

Das Rad fuhr mitten hindurch
zum See
wehte das Segel
über der Fahrt
schwebte das Rad.

Das Boot darunter
kommt –
den gelben Segeln entgegen.

Blaue Segel

Das Boot
mit Pinguin daneben,
meine Seele,
blaue Segel
über mir

sieht durch Finger
helles Land
und dunklen Strand.

Der Pinguin taucht ab.

Das blaue Segel überwölbt
die Wand vor meiner Hand.

Der Pinguin zupft an dem Segel.

Aller Farben Segel

Wenn alles eins ist
vor der Nacht,
das Segel weiß sich bläht:
drei Farben
aller Farben Meer,
dann geht das Boot
im All
durch See
und bringt in jeden Hafen
aller Segel
Ruh und Waren
in der Segel
aller Farben.

Funde

In diesen Schuhen im Museum bin ich einst gegangen.
Diese Schrift, ich habe sie gelesen,
und diese Zeichnung ist von mir,
eine Kritzelei
des Klosterschülers beim Latein.

Sein Segelschiff legt an.

Ich bin nicht ich
und doch mir nah:
als hätt' mit diesem Griffel unter Glas
ich gestern noch geschrieben

und dieses Schiff bestiegen

und diese Schüssel ausgegraben,

ausgerieben

Die Maske

Die erste Maske im Gras
sah ich auf dem Weg.

Auch diese Zeit vergeht.

Die Maske aber wird bleiben
wie Korken und Plastikteilchen
ins Erdreich eingetretengesehn

für alle, die laufen und gehn
auf dem weiteren Weg.

Fußgänger

Alle meine Gedanken,
alles, was ich denke
ist schon da,
liegt auf dem Teppich
alles, was ich sage:
goldener Ring auf dem Pflaster,
hebe ihn auf,
nicht an den Finger,
in der Tasche
bewahre ich ihn,
ist alles, was ich bin.

Wirkungen

Der Stein in meiner Hand
ist ein Blatt im Wald.
Das Wort ist da,
wo es verhallt.

Düne

Ich folgte dem Blatt im Sturm,
verlor mich in der Wüste.
Ein Sandkorn macht sichtbar den Wind.

Die Semantik des Meeres

Parmenides

Merke.

Es wächst in mir
Tinte wieder und Papier.
Worte sind Orte,
und eine Orange
– lange vergessen –
rollt in das Meer.

Der Gräfin Schloss verfällt,
nicht jedoch ihr Garten.
Schöner wird er übers Jahr,
grün schimmert das Moos nun im Winter.

All das ist Zufall.
Doch auf der Platte ragen
Taschenbücher auf
(bunte Paraden auf grau).

Parmenides erscheint sodann.
Er spricht:
Nichts ist nicht,
das heiße ich bedenken.

Sein ist Stille
und erst in Ruhe
wird

Heraklit

Der Bogen
Das Leben
verbogen
verströmt
fließt alles
nicht zweimal der Tod.

Die Semantik des Meeres

Seit es das Meer gibt,
ist das Meer immer gleich.
Es fahren mal diese
mal jene Schiffe
darüber
seit einiger Zeit,

beherbergt mal diese
mal jene Tiere
seit langen Millionen an Jahren,

und ist mal hier
und ist mal dort
seit langen Milliarden

und schlägt mal stürmisch hohe Wellen
und ist mal still und flach,

und jede Welle folgt einem Gesetz,
und jede Welle ist anders,
und jede Welle ist
und verschwindet
und kehrt nicht wieder,
und jede Welle ist einzig,

und das Meer ist immer gleich.

Es fahren mal diese
mal jene Schiffe darüber
seit einiger Zeit.

Die Semantik des Eises

Wir wissen alle

die ruhigen Ruderschläge zu schätzen,
das Kajak gleitet zwischen das Eis,
den Sonnenblumen, denen entgegen:
die Reise dauert die Welt

wie die Begriffe sich bilden.

Ukrainische Mädchen sticken

Die Stickenden schützen
die Arme
mit Stichen
und Mustern
bewahren vor bösen Mächten
den schlanken Hals
doch nur,
wenn richtige Lieder
erklingen und steigen
hinauf
ins Gras und die Ähren,
Wellen
des ewigen Lebens

Sophia

Sophia erblüht
über den Felsen
Sophia unter Steinen begraben
Vergittert

Sophia erblüht

Sophia
über den Felsen
im Abgrund verschluckt
verschlingen
kann er sie nicht

Seit Anbeginn der Tage
und ewig blüht

Sophia erblüht.

Die Semantik des Sandes

Sie schlingt das Tuch um ihr Gesicht,
die Beduinin in der Wüste.
Der Sand im Sturm weht ihr von vorn
und rötet später unser Morgen.

Der Sand ist Zeit in einem Glas,
das Glas ist Sand,
das Haus ist Sand
und aller Städte Sorgen.

Sand ist Wüste,
Sand ist Strand
und jeder Sand ist jedes Korn
und jedes Einzelne ist Eins
und alles mehr als seine Teile.

Sand ist Baustoff.
Sand verrinnt.
Ein Sandkorn ist das Wort im Wind.

Grab die Hände in den Sand.
Schaff aus Sand dein neues Land.
Mach aus Worten die Geschichte:
Beduinen in der Wüste.

Die Fährensängerin

Die Fähre geht
von dort nach da,
die Sängerin fährt mit:

singt für Trucker,
singt für Jungs,
Lasterfahrer,
singt für sich
im Abendlicht,
singt für Gott
im Kleid in Rot.

Das ist wahr,
hab ich gesehn,
fuhr doch mit
von da nach dort
mit zu Gott.

Der See

Über den Wellen
verästeln sich Blitze

Der Plastikwal treibt schwarz auf Türkis

Wind kommt auf

und unter dem Dunkel
grollen die Berge

Den Wal spült's an den Strand

Sah ich

Meinen Leuchtturm am Strand
steck ich in die Tasche.

Rot leuchtet der Stein
über Sand
spiegelt in Wolken
das Häusermeer sich,

siehst du im Stein
dein leuchtendes Licht.

Muscheln im Morgenlicht

Über Nacht wurden Algen angespült.
Der Sand ist von Schritten zerwühlt.
Das Meer zieht sich zurück.
Muscheln bleiben liegen.

Die Semantik der Steine

Der Seher fragt nach Ewigkeit
und sieht die Steine im Wasser,
die hellen Felsen im dunklen Meer,
die bleiben,
und das Meer geht nie vorbei.

Der Seher sieht ein Schiff,
das segelt nicht am Horizont,
das schwebt.

Und die Steine liegen da
und fragen nicht
und sehen nicht.

Um sie ist das Meer.

So viele Leben

So viele Leben,
so viele Fenster
in dunkler Nacht,
helle Quadrate
als Ausschnitt aus Licht.

Da hängen Tennisschläger von der Decke.
Da steht eine Vase.
Da sitzen Teddybären und Kaninchen.
Da sitzen Leute auf dem Sofa.
Da hängt darüber ein Gemälde.

So viele Fenster.
So viele Leute
in der Nacht.

Es regnet,
ich gehe,
die Schuhe werden nass.

Die Minute, die Gegenwart

Das kann die karge Minute sein,
in der wir ins Kino gehen
und Popcorn und Cola verzehren
oder Bier,
in der wir im Eingang stehn,
nichts denken, nur Plakate besehn,
in kurzer Versenkung verschwunden:
wie die Schlange kürzer wird,
wir Worte wechseln: diese und jene,
bis wir an der Reihe sind;
die Minute, in der wir die Treppe hinaufgehn:
A, B oder C,
bis uns der Saal für Stunden verschluckt.

Kurz vor Schluss

Ein Blatt glitt vom Tisch,
ein Zettel,
die Rechnung,
die keiner nahm.

Leere Stühle stehen da,
ein Sofa sogar,
saßen Leute darauf
bequem.

Nun sind nur Kissen noch zu sehn.

Vom Erkennen

Im Verwirren der Kultur
(in dem)
das Eine finden.

In Wimmelbildern
(in den)
das Eine sehen.

los

Wohin uns auch
die Ozeane fahren,
welche Richtung,
welcher Grund –

Sind sie erreicht,
die Ozeane,
sind sich wieder
sie sich Ziel.

Élan vital

Aus Lehm

Gottes Finger ist:
diese denkende Hand
knetet den Menschen zur Schöpfung,
schafft ihn aus dem Funken Nichts
der Schöpfung selbst zum Bilde
und des Nichts;
die Kreatur
das Göttliche ist
das Göttliche selbst
in Fleisch und Erde.

Vom Reden

Zwei mit Bier im Glas
im Garten.
Die Sonne trägt die Fragen fort.
Ein Blatt in Gelb fällt in den Ort.
Es tänzelt in ihr Warten.
Ihr Blick erstaunt.
Ein Sonnenstrahl
biegt sich ins Gras
und bindet eine Schleife.

Élan vital

Stell Dir mal vor, wir sehen uns im Garten Eden.
Auch wenn er nicht mehr Eden ist,
so immer noch ein Garten.
Und Abend wird's und Morgen.
Wir sehen uns und sehen:
Schöpfung ist das halbe Leben.

Die Mauer aus dem schweren Stein
liegt in schweren Schatten.
Es bricht das Helle auf.
Aus Stein wird Farbe, Farbe Haut.
Sein Haupt erhebt das pralle Tier,
bewegt vital
sich
leichter, heller
durch den Garten in das Leben.

Auf der Mauer laufen Licht und laufen Schatten.
Wir sind den Tag im Garten.
Wir sehen uns und sehen:
Die Mauer ist das erste Wesen.

Und wenn es Winter wird

Über meiner Sonne
liegt ein bleicher Mond.
Schnee weht über die Straße.
Dort an der grauen Kirche
macht er halt,
bildet Berge, Hügel, Höhlen,
und über den Kaminen
steigt senkrecht auf
der silberne Rauch.

Strandpromenade

Der Gast, verirrt,
tritt an das Meer
am sechsten ersten des Jahres –
vereiste Brandung, Wellen im Schnee:
Er glaubt es nicht, er sieht:
das Kreuz in Weihrauch auf der See.

Vom Schlaf

Was den Winter über verborgen blieb:
zwischen den grünenden Birken,
einer der Stämme
ist abgestorben.

Die dauernde Befindlichkeit

Kahle Hügel,
graue Hänge,
Weiden fett der satten Kühe,
welch ein Paradox!
Verbranntes Gras im Winter
blüht im Juli neu.

Lavendel

Die Dachfenster gähnten schläfrig,
als die Sonne errötete
und sie beschien.

Das weiße Haus erblaute,
doch der Apfelbaum schlief grün,
und die Ideen fielen
zornig in das Gras.

Sie wollten nicht schlafen
und liebten das Abendblau nicht.

Der Mann mit der Pfeife jedoch,
der ging am Teiche
auf und ab.

Und auf stieg der Lavendel
in die Nacht.

Eine gute Zeit

Wir haben ein paar Dinge getan:
Den Schuppen abgerissen,
den Weg neu angelegt,
den Bach renaturiert
und die Kirche renoviert.
Nun blüht der Apfel im Tal.
Nun stellen wir die Stühle raus.

Blicken

In dem englischen Garten
bewegt der Rasen sich fort von dem Blick
bis zu den Rosen- und Brombeerhecken.
Dornröschen ist nicht weit.

Vor den Sparren der Fenster
segeln die gelb-grünen Blätter,
die Ahornpropeller, sie fliegen
hinter den Sprossen der Spiegel
über den Rasen mit Lilien
in die Ewigkeit.

Vom Leben

Alle Blumen
wachsen gleich an.

Manche werden gepflückt.

Andere leben lang.

Vom Sinn

Ich sprach mit dem Faultier
über den Sinn.

Es kaute kopfüber
die Blätter des Lebens.

Die Leiter

Ich fand den Stein
und diesen Weg zum Himmel
ohne eine Suche,
deshalb sind sie not,
die Augen der leuchtenden Engel.
Sie gingen vorüber vor mir,
ich blicke im Traum nicht hinterher.
In ihrem Blick
seh ich, was sie sehen:
alle Steine sind geschaffen,
jeder Sand ist Gottes Haus.

Hinter dem Zaun

Entlang der Grünfläche,
entlang an ihrem hohen Zaun
ging ich und hörte:
ein Kätzchen hell miauen
und dann, darüber hinter dem Zaun,
einen Löwen dunkel drohend brülln.
Und hörte im Kätzchen den Löwen
und im Löwen das Kätzchen miauen.
So ist Gott, der Herr im Höchsten
klein
und im Kleinsten selbst der Zaun.

Deren Rosengarten

Was haben die Rosen für einen Begriff?
von Garten und Gras
und Wassertropfen.

Es fallen die roten Blätter,
sobald ein Kind danach greift,

den Rosengeruch zu erfassen.

Die Herbstallee

Bäume wie Beine
von Elefanten
schwere Füße
grau und rau
im Laub
am Graben daneben
in Pfützen
siehst du das Licht.

Der Blick aus dem Fenster

Noch immer ist der Weltraum leer.

Über dem grünen Gras
hängen die gelben Blätter.

Absturz auf dem Weg zum Mars.

Den Antriebskern verschlingt das Meer.

Wer liegt

Wie wird das sein an diesem Tag?
Wenn die Toten auferstehen
So auch die Mumien aus Vitrinen?
Die junge Frau liegt im Museum:
Kleopatra wickelt ihre Tücher ab,
die dicken Schichten,
weggefaltet wird
das aufgemalte Kindsgesicht.
Das Glas zerschlägt
der Gentleman von nebenan
und sie geht,
und sie liest den Stein
endlich in verlornen Worten
das eine Wort nur:
Paradies.

Von den Apfelbäumen

Was bleibt
von den Apfelbäumen und den Zäunen,
vom Zimmer mit dem Ohrensessel
und den Träumen,
was bleibt
vom Bücherschrank und von Gesprächen,
vom Theater auf der Wiese,
von den Kindern und vom Garten,
was bleibt
von den Indianern.

Was bleibt
von der Tasche, die gepackt,
von der Tasche, die getragen,
was bleibt
von der Schule, vom Büro,
von den Tagen,
vom Spaziergang,
von den Bergen und vom Meer,

was bleibt
vom Ende
und den Kerzen.

Was bleibt.
Es bleibt, was bleibt.

Gott bleibt.

Was bleibt

So wie der Wind das Laub hebt,
So hebt sich die Seele zu Gott.

Was bleibt vom Laub,
wenn es sinkt?

Der Abdruck des Blattes
im Wind.

Es wird hier sein

Es wird warm werden.
An der Ecke werden wir Eis essen
im Garten, im Eiscafé.
Das Eis wird auf den Boden tropfen
ins Gras.
Wir werden schauen und sagen:
Wir haben überlebt.

Inhalt

Die Semantik des Meeres

Élan vital

Von Holger Kuße erschienen außerdem:

JöRG. Märchen und Geschichten. 2018.
116 Seiten. ISBN 978-3-86813-066-9

JöRG II. Geschichten und Science Fiction. 2019.
156 Seiten ISBN 978-3-86813-084-3

hoppelOb. Abendfahrt – Tropische Blätter. Gedichte.
2020
120 Seiten ISBN 978-3-86813-098-0

www.noack-block.de

FSC
www.fsc.org
MIX
Papier | Fördert
gute Waldnutzung
FSC® C083411

Zeitfracht Medien GmbH
Ferdinand-Jühlke-Straße 7
99095 Erfurt, Deutschland
produktsicherheit@kolibri360.de

Druck:
CPI Druckdienstleistungen GmbH
im Auftrag der
Zeitfracht Medien GmbH
Ein Unternehmen der Zeitfracht - Gruppe
Ferdinand-Jühlke-Str. 7
99095 Erfurt